Elsbeth Wallnöfer
How to wear a Dirndl

Impressum

Bibliografische Information der Deutschen Nationalbibliothek
Die Deutsche Nationalbibliothek verzeichnet diese Publikation
in der Deutschen Nationalbibliografie; detaillierte bibliografische
Daten sind im Internet über http://dnb.d-nb.de abrufbar.

© 2024 Verlag Anton Pustet
5020 Salzburg, Bergstraße 12
Sämtliche Rechte vorbehalten.

Lektorat: Michaela Schachner
Korrektorat: Markus Weiglein
Covergestaltung: Hannah Richter
Satz und Produktion: Nadine Kaschnig-Löbel
Druck: Florjančič tisk d.o.o.
gedruckt in der EU

ISBN 978-3-7025-1142-5

www.pustet.at

Bildnachweis: S. 13: Salzburg Museum; S. 31: Robert Haas, Wien Museum;
S. 40/41: ÖNB/Wien: VGA E3/868 (BDM); S. 48: akg-images / Erich Lessing;
S. 51: ÖNB/Wien: US 25.248; S. 58: Fotoarchiv Otfried Schmidt / SZ-Photo /
picturedesk.com; S. 69: Ninkfoto für Lola Paltinger

Ausflüge in die Natur, Interessantes aus Kunst, Kultur und Geschichte, Inspiration und Genuss für Ihr Zuhause –
entdecken Sie die Vielfalt unseres Programms auf www.pustet.at
Wir versorgen Sie gern mit allen Informationen zu Buch-Angeboten, Gewinnspielen und Veranstaltungen:

Newsletter:
https://pustet.at/de/kontakt/newsletter.html

Facebook:
verlagantonpustet

Instagram:
verlagantonpustet

Wir bemühen uns bei jedem unserer Bücher um eine ressourcenschonende Produktion. Alle unsere Titel
werden in Österreich und seinen Nachbarländern gedruckt. Um umweltschädliche Verpackungen zu
vermeiden, werden unsere Bücher nicht mehr einzeln in Folie eingeschweißt. Es ist uns ein Anliegen,
einen nachhaltigen Beitrag zum Klima- und Umweltschutz zu leisten.

Elsbeth
Wallnöfer

How to
wear a Dirndl

(K)eine
Gebrauchsanleitung

VERLAG ANTON PUSTET

Inhalt

Zur Eröffnung

Was sich von der Mode sagen lässt, ist, dass sie die Stimmung hebt, ja, den Frohsinn befördert. Sie spielt mit der Anmut der Menschen, lässt die Banalitäten, gar die Hässlichkeiten des Alltages für Augenblicke verschwinden. In ihrem Schein spiegeln sich Gemütslagen und das Begehren, schön zu sein. Sie offenbart die Lust am Leben und vermag uns zu trösten. Mode bietet besonderen Chic für spezielle Anlässe und auch das Dirndl, ein saisonales Kleidungsstück, entbehrt nicht eines gewissen exotischen Charmes.

Das Dirndl ist bei alldem – und vergessen Sie jetzt alle großen mythischen Narrative – eine modische Requisite neben anderen im hauseigenen Kleiderschrank. Die meisten tragen es wie eine freche Laune, andere nutzen es für ein kulturpolitisches Statement.

Entgegen so mancher großen identitätspolitischen Erzählung ist es dennoch Frucht der Mode und Ergebnis technischen Fortschritts – und nicht Ausdruck eines „volksechten" Stammesdiktates.

Von der Tracht zum Dirndl ...

... und was das mit der Figur und
den Revolutionen zu tun hat

Das Dirndl: Vor etwas mehr als 100 Jahren trugen es die Frauen bei Fahrten von Wien oder München in die Voralpen, bei Ausflügen ins inneralpine Gebirge und bei Landpartien. Kurze Zeit firmierte diese Mode unter „mode à la Tyrolienne", wie die Modemagazine es damals auszudrücken pflegten. Seine Verbreitung hatte jedoch mehr mit Salzburg als mit Tirol zu tun.

Der Künstler, Modeschöpfer, Professor und Gründer der Modeabteilung der Wiener Werkstätte, Eduard Josef Wimmer (1882–1961), äußerte sich zum Dirndl-Trend in den 1930er Jahren und befand, „[d]ie Mode wurde zwar – und das ist für die Stelle, die dabei den Ausschlag gab, bezeichnend – Tyrolienne genannt, aber die eigentliche Geburtsstätte war doch das kleine Henndorf "[1]. Er irrte sich zwar hinsichtlich des Geburtsorts des Dirndls, es ist ihm aber nachzusehen, denn er bezog sich auf die Entwürfe des im Salzburger Festspielmilieu überaus bekannten Bonvivants Carl Mayr (1875–1942) aus Henndorf bei Salzburg, dessen Entwürfe wir als tatsächliche Geburtsstunde des Couture-Dirndls bejahen können. Wimmer nennt den Freigeist Mayr den „Schöpfer des modernen Dirndls"[2].

Dirndl gab es allerdings bereits vorher. Kostümhistorisch gesehen ist es ein Kind der Veränderung gesellschaftlicher Ordnungen wie Resultat technischer Neuerungen im Zuge der industriellen Revolution. Das gute Stück ist demzufolge einmal mehr Ausdruck von Mode, denn es steht für die Wandelbarkeit der Welt und ist nichts weniger als eine Spielart der Lebenslust. Es ist Ergebnis sozialer Errungenschaften und wurde ermöglicht durch geregelte Arbeitszeit: Man trug es nämlich vorwiegend in seiner Freizeit.

Über viele Jahre war es deswegen Gegenspielerin der Tracht, die fälschlicherweise als regionaltypisch „echt" und „authentisch" angesehen wurde.[3] Gleichwohl war es die Tracht, die, aus historischer und sozialpolitischer Perspektive, als es noch keine Arbeitnehmerrechte gab und modisch zu sein, nicht allen erlaubt war, als Überbleibsel aus vorindustriellen Zeiten um die Mitte des 19. Jahrhunderts nur mehr in den am wenigsten entwickelten Gegenden getragen wurde. Plump und wenig von Vorteil für die Figur war sie. Die Bestandteile, Leinen, Wolle, Loden, mussten unter großem Aufwand und Mühen hergestellt werden; alles war von Hand genäht oder wurde bloß von Bändern und Tüchern zusammengehalten. Je nach Geschick der Frauen war diese

E. Tony Angerer, Pongauer Tracht, Postkarte (1929)

Kleidung adrett und schmuck oder plump und linkisch genäht. Sie konnte exotisch reizvoll sein, aber es mangelte ihr stets an faunischem Eros. Da es zur damaligen Zeit moralisch verwerflich war, sich figurbetont zu kleiden, alle Opulenz als hoffärtige Untugend galt und der Luxuria, einer der sieben Todsünden, zugerechnet wurde, je katholischer und niedriger die Stände und Gegend waren, änderte sich die Kleidung über Jahrhunderte kaum.

Dort, wo dann Opulenz als repräsentativer Ausdruck von Wohlstand und Reichtum galt, hielt sie sich außerhalb der Grenzen des Hochadels an die aus der Religion resultierenden Sitten, weder Dekolleté noch freies Bein zu zeigen. Wie unvorteilhaft die Frauen auf dem Land und im Gebirge vor dem Einzug des Dirndls in die Kleidergarderobe Fremden ins Auge stachen, schildert uns frei von der Leber weg ein Reisender namens August Lewald (1792–1871).

Auf seiner Tour quer durch Tirol machte er einen Abstecher ins Zillertal und hielt dies in seinem Reisebuch *Tyrol, vom Glockner zum Orteles, und vom Garda- zum Bodensee 1833–34* für uns fest. Über das Aussehen der Zillertalerinnen war er ziemlich erschrocken:

„Die Weiber im Zillerthale sind zu kolossal, um schön genannt zu werden, die Brüste hängen wie bei den Weibern von Mangermannskraal in Afrika tief herab, und werden durch ein eignes Brusttuch, gleich wie in einer Schlinge, gehalten. Die Jacken werden dabei tief ausgeschnitten getragen, und diese Mode ist wahrhaft widerlich. Der lange, faltige Rock reicht bis unter die Brust hinauf, und eine dicke Wulst sucht zwischen dieser und den Hüften ein richtigeres Verhältnisz herzustellen. Jacke und Rock sind von einem dunkelblauen Zeuge, und das Brusttuch ist schwarz. Auf dem Kopfe trägt die Zillerthalerin einen Männerhut, mit niedrigem, rundem Kopfe, und einem schmalen, etwas herabhängenden Rande, der bei weitem nicht so zierlich ist, wie der Spitzhut, den man in der Gegend von Botzen trägt. Die Tracht der Männer ist kleidsamer; sie ist durch die vielen Zillerthaler, die singend und handelnd überall hinreisen, in ganz Deutschland bekannt genug. Auch hier sind die vorherrschenden Farben dunkelgrau und schwarz, und diesz gab dem recht fröhlichen Getümmel bei der Kirchweihe einen schmutzigen Anstrich, als wäre alles bei starkem Regen lange im Freien gewesen; diesz macht besonders auf den, der die bunten Trachten der südlichen Thäler zu sehen gewohnt ist, einen unangenehmen Eindruck."[4]

Seine gnadenlose Ehrlichkeit mag wohl mit ein Grund dafür gewesen, dass sie keinen Eingang in die bisherige Trachten- und Dirndlforschung fand. Uns hilft sie jedenfalls zu verstehen, dass Kleiderstile nicht voraussetzungslos immer und überall als schön, fesch und apart wahrgenomen werden.

Dazu müssen wir berücksichtigen, dass Frauen auf dem Land und der niederen Stände bis zum Vormarsch der Mode, sprich der Dirndlmode, häufig vierschrötig aussahen. Nicht zuletzt, weil die Materialien dies mit sich brachten. Sie ließen die Façon der Kleidung schwer und plump erscheinen. Grobe Wolle, schweres (Bauern-)Leinen, Filz und Felle ließen sich bis zur Erfindung von Nähmaschinen händisch nicht so fein verarbeiten beziehungsweise vernähen. Auch wenn diese Frauen versuchten, das eine oder andere modische Moment aus dem städtisch-höfischen Milieu in die schwere Tracht einzubringen, sorgte dies nicht für Leichtigkeit der Silhouette.

Der spätbarocke, urbane *cul de Paris*, im ländlich-alpinen Raum auch als „Weiberspeck" oder „Wiefling" benannte Hüftteil, wurde durch den Einsatz von Rosshaarwülsten erzielt. Aus einer Tiroler Verlassenschaftsliste um 1900 ist uns ein „faltengestochene[r]

Wiefling" überliefert. Dabei handelt es sich um einen mehrfach gezogenen (gefälteten) Rock, der an „der Rückseite eine wurstförmige Einlage bekam, durch die der hintere Teil mehr oder weniger gehoben wurde, worauf Weiber, die recht flingg (fesch) erscheinen wollten, besonderen Wert legte[n]"[5].

Später wollte wohl auch die Krinolinenmode (ca. 1842–1870) nachgeahmt werden. Ein preußischer Feldmarschall, Albrecht von Roon, wusste von der dortigen Landmode in einer Randnotiz zu berichten, „[…] daß die littauischen Bauernmädchen sogar bei der Feldarbeit die Krinoline tragen würden"[6], und der Modehistoriker Max von Boehn (1860–1932) meinte um 1908 zu wissen, „[i]n manchen Gegenden Oberbayerns hat sich der in der sogenannten ‚Volkstracht' weite Kleiderrock dieser Epoche bis heute behauptet"[7].

Wer sich in den Folgejahren ins Dirndl warf, ist weit von solch korpulenter Schemenhaftigkeit entfernt, denn das Dirndl entspringt der Freiheit zur Mode und dem Versuch, Leichtigkeit und Buntheit ins Leben zu bringen. Es verhieß die Befreiung von den beschriebenen schweren, groben, juckenden Stoffen. Möglich wurde dies erst, nachdem es keine höfischen Kleidergesetze mehr gab und der Baumwolldruck wie die Nähmaschine Einzug in das Leben der Menschen hielten.

Dafür sorgten Hausierer oder Bandlkramer, die zunächst von Haushalt zu Haushalt zogen oder verlässlich an Ort und Stelle anzutreffen waren, um Bänder, Knöpfe, Wirkwaren (Strick) und Schnittware (Stoffe) anzubieten. Je bürgerlicher die Gesellschaft sich anschickte zu werden, umso mehr ließen sich die Bandlkramer nieder. *Wiener Bandl-Kramer* nannte da schon mal einer sein Geschäft.[8]

Der Wunsch, wie die Reichen und Schönen auszusehen, ist wohl so alt wie die Menschheit und führte also immer schon dazu, Stilelemente zu kopieren, dem Begehren nachzugeben, auch schön sein zu wollen. Hinzu kommt, dass modisch ausladende Modelle, das weiß die Praktikerin, viel Stoffes bedürfen – und viel Stoff bedeutet, viel Geld auszugeben. Der Wirtschaftskreislauf muss also einigermaßen stabil sein, um Moden zu ermöglichen. Mit der Erstarkung der bürgerlichen Welt infolge der Revolution von 1848 änderte sich die Gesellschaft fundamental und mit ihr die Mode für fast alle, das Reisen schickte sich an normal zu werden.

„Auf Reisen und in den Kurorten trafen sich alle Schichten der Gesellschaft in einem Verkehr, dessen Ungezwungenheit gegenseitige Gleichheit vorausgesetzt;[9] es […] mischten sich die vornehmen Leute und die Reichen, was damals durchaus noch nicht gleich war; die Mitglieder der Halbwelt und die Fremden geben dieser Vereinigung den Hautgout, welcher die Gesellschaft jener ganzen Epoche umwittert."[10]

Landpartien fanden mehr und mehr Anklang, der Bäder- und Kurtourismus führte dazu, einen Blick auf die Landmenschen ausbilden zu können. In Wien kam es im Jahr 1898 (!) zu einer öffentlichen Debatte darüber, ob es angebracht sei, die Landbevölkerung zur „Staffage" für den eigenen Aufenthalt auf dem Land zu benutzen und das drollige Bauernvolk deswegen an der Modernisierung des Landes zu hindern. Dies hörte sich dann so an: „Ja, stellen Sie sich doch einmal hin und machen Sie (gesperrt) einmal den Wurstl für den Herrn Commerziehnrath, der unverfälschte Alpen genießen will […] Auch ich gebe zu, daß mir die alten Trachten sehr gut gefallen. Das gibt mir aber noch kein Recht, von meinem Nebenmenschen zu verlangen, sie meinetwegen anzulegen. Die Tracht, die in einer bestimmten Form erstarrte Kleidung, die sich nicht mehr weiter entwickelt, ist immer das Zeichen, daß ihr Träger es aufgegeben hat, seinen Zustand zu verändern. Die Tracht ist die Verkörperung der Resignation."[11]

Die Demokratisierung sowie der Austausch zwischen Stadt und Land, urbanem Kleiderstil und ländlicher Kleidergewohnheiten, schritten voran, jeweils im Frühjahr und im Sommer intensivierte sich dieser. Die Nähmaschine tat ihr Übriges. Um 1904 hieß es in der einschlägigen *Oesterreichische[n] Nähmaschinen- u. Fahrrad-Zeitung. Fach-Zeitschrift zur Hebung der Nähmaschinen- und Fahrrad-Industrie,* beinahe jeder Haushalt verfüge bereits über eine Nähmaschine. Dies korrespondiert mit den zeitgleich erschienenen Berichten von kulturinteressierten, bukolischen Bildungsreisenden, die zahlreich und stetig bei ihren Besuchen auf dem Land darüber klagten, die Tracht sei im Verschwinden und dies sei ein Jammer. Was also hier beklagt wurde, war nichts als eine markante Änderung der Lebensverhältnisse, die sich auch in der Kleidung niederschlug.

Es war die technische und gesellschaftliche Modernisierung, die dazu führte, dass 1895 erste Dirndlvorschläge in den Modezeitschriften und illustrierten

Magazinen für Hausfrauen und Familien auftauchten. Ferdinand Schmutzer (1870–1928), ein damals junger Fotograf und Künstler, fotografierte um diese Zeit junge Frauen auf dem Land. Sie trugen bereits leichte, bedruckte Baumwollstoffe, waren schlicht gekleidet, den Kopf zierte ein Kopftuch. Ihre Rolle als Staffage in der Landschaft erfüllten sie – als rechtloses Dienstpersonal – unfreiwillig. Aber stilistisch war damit der Schritt zur Silhouette des Dirndls vorgezeichnet. Die deutliche Silhouette verlieh dem Dirndl einen Touch von Weiblichkeit, da die Taille durch den enganliegenden Leib akzentuiert wurde; die Schürze tat ihres, um diese dezent hervorzuheben. Einzig die Rocklänge blieb zunächst noch für viele Jahre von einer Veränderung unangetastet. Gesittet knöchellang und keusch, weit davon entfernt, Bein erkennen zu lassen.

Kostümhistorisch lässt sich demgemäß befunden, dass sich der Unterschied von der Tracht zum Dirndl über Materialien, Stoffe und Nähtechniken vollzog. Der technische Fortschritt in Form von Nähmaschinen und Baumwolldrucken sorgte dafür, dass die Figur feiner, dekorativer und reizvoller betont werden konnte. Die gesellschaftspolitische Bedeutung des Kleides will nun in weiteren Schritten nachgezeichnet werden.

Dirndlboom

Ein Fest fürs Dirndl und den
internationalen Lifestyle

Die Freiheit zur Mode ist, ganz besonders in demokratisch säkularen Welten, eine wunderbare Chance, den eigenen Geschmack zu zeigen, das menschliche Begehren „schön" zu sein zum Ausdruck zu bringen und für Leichtigkeit im Alltag zu sorgen. Im Falle des Dirndls ist dies mit wenigen Mitteln und erschwinglichen Materialien möglich, denn geschickte Näherinnen vermögen es in kürzester Zeit zu nähen. Dass der Dirndlboom nach dem Ersten Weltkrieg kräftig an Fahrt aufnahm, kommt also nicht von ungefähr.

So konnte das Dirndl von einer Schneiderin und in den zahlreichen Haushaltsschulen für junge Frauen unter Anleitung selbst genäht oder von Müttern, Tanten und Verwandten, secondhand sozusagen, übernommen werden. Wer es sich in Zeiten großen Kaufkraftverlustes (Inflation) leisten konnte, kaufte es in den Sport- und Warenhäusern der 1920er Jahre. Damals etablierte sich das Vergnügen, im Fasching Dirndlbälle auszurichten. Im März 1921 fand im Casino am Wiener Schwarzenbergplatz der erste Dirndlball[12] statt, auf den österreichweit weitere folgen sollten. Dirndlbälle oder „Dirndl-Kränzchen", wie sie auch genannt wurden, waren willkommener Trost in Zeiten der Nachkriegstristesse und des allgemeinen Mangels. Auf solchen Bällen trugen

Frauen Dirndl, für die Herren hieß es „Frackhose, weiße Kravatte, Joppe"[13]. Vereine jedweder Couleur, seien es Arbeitervereine,[14] Turnvereine, Sängerbünde, Verschönerungsvereine, Schrebergartenvereine, Gebirgstrachtenvereine oder christliche Hausgehilfinnenvereine auf dem Land und in der Stadt luden dazu ein. Manche riefen Kostümzwang aus, andere hielten es lockerer. Die Ephemera-Sammlung der Österreichischen Nationalbibliothek verfügt über ein Plakat, auf dem die „Christlich-deutsche Jungmannschaft Neubau" Ende Jänner 1934 bereits zum siebten Mal zu einem Dirndl-Kränzchen einlud.[15] Über Jahre ist in der Zeitschrift des „Verbandes christlicher Haushaltsgehilfinnen" zu lesen, wie fröhlich und farbenfroh die „Dirndltrachten"[16] ausgesehen hätten, wie vielfältig die Muster der Stoffe dabei waren: „geblumt, kariert, getupft, gestreift"[17]. Diese Praxis, mit Dirndlfesten für kleine Fluchten aus dem mühsamen Alltag zu sorgen, sollte sich auch nach 1945 wiederholen.

Ist es Mode, ist es typisch österreichische oder bayerische Tracht? – Diese Frage wird häufig gestellt. Nun, das Dirndl ist eine dank des Baumwolldrucks leicht erschwingliche Freizeitkleidung fürs Gebirge und das Alpenvorland. Als Klischee und Narrativ denken wir es in Verbindung mit der deutschsprachigen Kultur, regional eingegrenzt von Wien bis Graz, über Salzburg bis Innsbruck, Osttirol und südlich Richtung Bozen sowie dem bayerischen Umland des urbanen München. Es stand dabei stets im Spannungsfeld zwischen unpolitischem, modischem Chic und volkstümlicher Identitätspolitik dieser Regionen. Die dort ansässigen Sport- und Modengeschäfte sorgten von Anfang an für die Verbreitung des Dirndls und machten *the charme of peasants costume* (Charme des Bauernkostüms) sogar im Hollywood der 1940er Jahre[18] populär.

Wie sehr es von Anbeginn schon Teil eines lustvollen Lifestyle-Karussells gewesen ist, vermögen wir anhand der Zwischenkriegszeit und der Salzburger Festspiele zu erschauen. Damals, nach dem Ersten Weltkrieg, als Europa neu aufgeteilt wurde und Österreich seinen imperialen Glanz und die imposante territoriale Herrschaft verlor, richteten sich Land und Leute wieder auf. Die Festspiele,[19] als Idee längst im Ansatz geboren, kamen zur Verwirklichung und sollten bis heute als Beispiel der edlen Form der Landpartie im Dirndl bestehen.

Die Geschichte des Dirndls ist ohne das Salzburger Sport- und Trachtengeschäft „Mahler & Lanz" und die rheinländischen Gebrüder Wallach in München nicht vollständig erzählt, denn sie hat viel mit ihren Dirndl-Entwürfen für die Kostümausstattung der weltweit gastierenden Operette *Das Weiße Rössl*[20] und den Festspielen zu tun. Der Boom der Modehefte und Versandhauskataloge dieser Zeit tat sein Übriges. Das Heft *Modedienst* der über ganz Deutschland verteilten I. G. Farben-Indanthrenhäuser und stylishe Warenhäuser wie „Ludwig Beck" und „Oberpollinger" in München warben mit Dirndl aus bedruckten Baumwollstoffen. Auf dem Land boten Dorfläden und Kurzwarenhandlungen Stoffe und Zubehör samt Schnittmusterbögen an, und es gab kaum ein Sportgeschäft jener Zeit, das keine Dirndl führte. „Sport-Bock" in München war nur eines der Sportgeschäfte, das „Modische Trachten", also Dirndl und Kombinationen sowie Trachtenjoppen für Männer anbot.[21]

Der modische Chic und die Salzburger Festspiele sorgten für Momente der Heiterkeit und zeitigten weitere Trends. Diese versüßten die sonst bitteren Tage und schrieben damit Modegeschichte.

Im Hochsommer 1936 meinte ein Autor einer Frisurenzeitung, „das Dirndel, [eine] Mode, die nicht in Paris erfunden worden ist, hat ihren Siegeszug um die Welt angetreten. Und wir dürfen mit Stolz feststellen, daß es eine österreichische Mode ist, der dieser ungewöhnliche Erfolg beschieden ist."[22] Und *Profil,* eine Monatszeitschrift für bildende Kunst, berichtete bereits zwei Jahre zuvor, wie die Mode mithilfe des Dirndls Österreich entdeckte.[23] Die Kosmopoliten von Welt fuhren nach Salzburg zu den Festspielen und kleideten sich dazu passend im „Austrian dirndl costume". Gegen Ende der 1930er Jahre war es bereits nahezu obligatorisch, sich während eines Besuchs in Salzburg, München oder einer Fahrt auf das Land in ein Dirndl zu werfen. Dazu beigetragen haben die alljährlich im Juni, Juli und August erschienenen Dirndltipps in den Modezeitschriften: „Kein richtiger Urlaub ohne Dirndl', lautet die Devise der Frauen"[24]. Dies war zu diesem Zeitpunkt wohl allgemeines Motto.

Ähnliches vollzog sich im Einzugsbereich Münchens, die bayerischen Sportgeschäfte und die Wallachs machten auch dort den Dirndlchic salonfähig.

So gehörte zum damaligen To-do eines vollkommenen Urlaubs, sich in ein Dirndl zu kleiden. Berühmte und weniger bekannte Frauen kauften nicht nur ein Dirndl, sie leisteten sich dazu auch die Accessoires wie mit Granaten dekorierte Kropfketten mit prächtigen Schließen.[25] Wer sich während der Festspielzeit in Salzburg herumtrieb, zierte sich in rotem Wollbrokat, trug handgewebte Blusen, blaue oder rot-braune Schürzen, blaues und grünes Leinen, braune Wollröcke, weiße Lodenmäntel oder blau-braun melierte Oberteile. Jacken und Janker wurden gerne mit Eichblattmotiven gezierten Pattentaschen versehen. Ob Kostümbildnerinnen, Künstler oder Architekten, sie entwarfen Dirndlmodelle, die dann in den Modemagazinen und einschlägigen Heften zu bewundern waren.

Besonderes Augenmerk verdient bereits eingangs erwähnter Carl Mayr (1875–1942).[26] Ein Schön- und Freigeist-Designer, der im Festspiel-Biotop Dirndl-Haut Couture entwarf und der von E. J. Wimmer als „Schöpfer des modernen Dirndls" ausgemacht wurde. Mayr stand in freundschaftlicher Verbindung zu Grete Lanz, der Schwester der Gründer von „Trachten Lanz", in Salzburg.[27] Sie und ihre kongeniale Designerin Charlotte Strohschneider sowie viele Näherinnen ermöglichten die Realisierung der Entwürfe.

Marlene Dietrich im Trachtenjanker
bei den Salzburger Festspielen (1937)

Im Milieu des Festspielsommers kokettierte man abseits der Schnittmagazin-Modelle mit frei gestalteten Kombinationen aus Dirndl und Trachtenmode. Für Künstler und Schauspielerinnen wie Paula Wessely (1907–2000), Helene Thimig (1889–1974) oder die Sopranistin Lotte Lehmann (1888–1976) gehörte das Dirndl zur Salzburger Sommergarderobe. Marlene Dietrich (1901–1992) wiederum sah umwerfend in einem stilisierten Trachtenjanker aus Loden und einem Lamberghut aus, fotografiert vom damalig offiziellen Fotografen der Festspiele, Robert Haas (1898–1997).[28]

Schon damals ließ sich keine Antwort auf die Frage, für wen das Dirndl „typisch" sei, finden; es war Mode für alle und Freizeitkleidung für jene, die über Freizeit verfügten.

Wie sehr dies der Fall gewesen ist, erfahren wir aus der Literatur. Salzburg und sein Umland galten während der Zwischenkriegszeit als Tummelplatz ländlichen Charmes, als Bühne des Who's who der europäischen und amerikanischen Kosmopoliten und Schöngeister. „In Salzburg dürfen auch die Zuschauer Theater spielen"[29], konstatierte der Augenzeuge und Schriftsteller Erich Kästner

(1899–1974) in seinen tragikomischen Schilderungen. Er beschreibt das Treiben in einem der letzten
Momente des freisinnigen Trachten-Schäfer-Spiels,
kurz bevor die nazistische Kleingeistigkeit Einzug
hielt und die Rassenideologie auch die Dirndlmode erfasste. Ein letztes Mal sollten Ende der
1930er Jahre während der Salzburger Festspiel-Zeit
Lebemenschen, die das Regime nicht der „arischen
Rasse" zugehörig definierte, in die Rollen alpiner,
trachtiger Gestalten schlüpfen dürfen: „Viele von
ihnen wollen, was die Tracht anlangt, die Einhei-
mischen übertrumpfen und kommen voll kindli-
chen Stolzes als Pinzgauer Bauern daher, oder als
Lungauer Bäuerinnen; tragen Kropfketten, ohne
einen Kropf zu besitzen; haben englisch gerollte
Regenschirme über dem Arm oder fahren gar, vom
Trachtengeschäft „Lanz" herrlich ausstaffiert, in
Automobilen mit mindestens zwei Chauffeuren! Es
stört nicht, es belustigt höchstens."[30]

„Lanz" war damals ein Ort, wo sich die internationale High Society, unabhängig von ihrer ethnischen
oder politischen Herkunft, quasi zum Fünf-Uhr-
Tee traf – davon zeugt das in Leder gebundene Gäs-
tebuch des Hauses.

Die Rede „vom Juden", der sich in der Tracht einen dekadenten Sommerspaß in Salzburg gönnte, war zum Zeitpunkt der lebhaften Beschreibung Kästners 1938 bereits eine fixe Idee, der es entgegenzutreten galt. Der Antisemitismus war parallel zur kosmopolitischen Lebenspraxis bereits gesellschaftsfähig. Der Schriftsteller Carl Zuckmayer, der in Henndorf am Wallersee bei Salzburg lebte, hielt fest, „[d]aß die Leute, die im Salzburger Festspielsommer so schön Theater spielten und Musik machten, zum Teil Juden waren und die zahlungskräftigen Fremden, die sie damit ins Land lockten, teilweise auch, interessierte keinen Menschen dort auf dem Land. Aber der propagierte Antisemitismus hat seine Wirkung […]."[31] Die launige, faunische Moderne Salzburgs, die internationale Weltenbühne, verkam zur „Bühne der Volkstümlichkeit"[32]. Ähnliches spielte sich im steierisch-oberösterreichischen Salzkammergut, einem Tummelplatz urbaner Sommerfrischler aus Wien, ab.

Dirndlmief

Fragen ans
maliziöse Dirndl

Mit dem Aufzug der Antisemiten und deren La-
kaien endete das kosmopolitische Treiben. Über in
Zeitungen verbreitete Landesverbote und Gemeinde-
erlässe[33], in Anlehnung an eine Bekanntmachung
zum Schutz nationaler Symbole (mehrheitlich in
Salzburg, aber auch in Niederösterreich), war es
fortan Jüdinnen und Juden, später generell „Auslän-
dern [z]um Schutz und zur Sicherung der deutschen
Heimat-Trachtenkleidung"[34] untersagt, Dirndl oder
Trachten zu tragen. Derlei Bestrebungen gab es ver-
einzelt bei Vereinen bereits am Beginn der 1920er
Jahre,[35] jetzt aber wurde es Programm und Selbst-
verständlichkeit der „deutschen Frau". Derart
selbstverständlich, dass bei der Frage nach dem *Nazi
Luxury*[36] das Dirndl auftaucht. Leni Riefenstahl,
Eva Braun, Lil Dagover, sie alle hatten mindestens
ein Dirndl in ihrer Garderobe und sie kokettierten
darin bei ihren Landbesuchen.

Die modisch-trendigen Dirndln für alle wurden kur-
zerhand zu „Kitschdirndln" erklärt und sollten fortan nur mehr biopolitisch deutsch-österreichischen
Frauen als echte Wesenskleidung zur Verfügung stehen. In den Folgejahren kam es zu einer politisch-
programmatisch designten „erneuerten Tracht, die
[z]um Unterschied vom modischen Dirndl […] das
Trachtendirndl" für die „deutsche Frau" lancierte.[37]

Gegen den Kitsch in der Trachtmode galt es anzu-
kämpfen. Keine „jüdischen ‚Dirndln‘ mehr!“, hieß
es im Frühjahr 1938, gleich nach dem „Anschluss“
Österreichs an Hitlerdeutschland, in der *Steirischen
Alpenpost*. Dabei wurde nicht darauf vergessen an-
zufügen, „daß fremdrassige Mädchen sich also
unter Aufsicht von Lehrerinnen kein Dirndl nähen
dürfen“[38]. Dies ist deswegen von Bedeutung, weil
die Frauen im Bund Deutscher Mädel (BDM) das
gemeinschaftliche Dirndlnähen pflegten und die
NS-Frauenschaft bei sogenannten „Heimabenden“,
instruiert von Gertrude Pesendorfer,[39] ab 1942 das
Dirndl zu einer Art Uniform für die „deutsche Frau“
etablierte.

Der Innsbrucker Nationalsozialistin Gertrud Pesendorfer gelang es mit ihrem Konzept der „erneuerten Tracht“, einer Mischung aus Tracht und Dirndl,
erstmals eine „gezähmte Erotik“[40] für die sittsame,
biodeutsche Frau auszurufen. Sie positionierte sich
damit ausdrücklich und programmatisch gegen den
vorherrschenden Dirndltrend.

Pesendorfer und ihre ehemaligen Mitarbeiter im
SS-Ahnenerbe verbreiteten auch nach dem Zwei-
ten Weltkrieg ihr Regelwerk in ganz Österreich.

Nationalsozialistische Uniformierung beim
Bund Deutscher Mädel (1938)

Sie boten Trachten-Beratungen an, arbeiteten mit Heimatwerken und Kulturabteilungen zusammen, hielten Schulungen ab und entwarfen willkürlich Trachtenmappen. Man konzentrierte sich dabei auf die Erzählung des Dirndls im alpinen Raum, vorwiegend in Tirol und Salzburg. Gegenden wie das Burgenland, damals ein junges Bundesland mit ikonografischen Bezügen zur slawischen Kultur, blieben entweder zur Gänze unberücksichtigt oder wurden nur am Rande erwähnt. Der Ruch des Kitsches haftete dem modischen Dirndl fortan an, während das von Pesendorfer „erneuerte" Dirndl in Österreich über Jahrzehnte als unerschütterliche, identitätspolitische Wahrheit propagiert werden sollte.[41]

Dem dirndlschen Internationalismus der kosmopolitisch ausgerichteten Festspieljahre wurde auf diese maliziöse Weise für viele Jahrzehnte der Spaß ausgetrieben, damals legte sich ein Mief über das Gewand, der bisweilen noch immer zu vernehmen ist.

Dirndlball

Vom Trost der Mode und Österreichs identitätspolitischer Charmeoffensive

Dass das Dirndl bereits vor dem Ersten Weltkrieg Symbol naiven Liebreizes des zu Wohlstand gekommenen Bürgertums gewesen war, schien nicht ganz vergessen. Es überrascht daher kaum, schon einmal dagewesene Dirndlbälle und das Flair des Dirndlchic der Festspielsociety von einst, nach dem großen Zivilisationsbruch durch die Nazis genutzt zu wissen.

Im Dirndl und auf Dirndlbällen verdichtete sich der liebliche, quasi unpolitische Charme, der Symbol und Garant für eine neues Österreich werden sollte. Bundeskanzler Leopold Figl (1902–1965) suchte damit auf dem politischen Parkett zu antichambrieren. Es war die Kraft des Dirndls und des Trachtenjankers, die auf diese Weise zum Zeichen einer neuen politischen Identität österreichischer Gemütlichkeit, um nicht zu sagen Harmlosigkeit, wurde. Die Ironie der Geschichte wollte es, dass der aus einer jüdischen Familie stammende Österreicher Erich Lessing (1923-2018) ein geschichtsträchtiges Bild von Figl während seiner politischen Arbeit auf einem Dirndlball schoss. Darauf zu sehen sind der Bundeskanzler mit einem der Vertreter der Westmächte, dem französischen Hochkommissionär für Österreich (von 1950 bis 1955) Jean Payart (1892–1969), auf einem Dirndlball – vermutlich auf einem der ersten Dirndlbälle des Bauernbundes. Beide Herren tragen

Trachtenanzug, im Hintergrund führen zwei Frauen im Dirndl ein angeregtes Gespräch.

Das zu Freizeitzwecken herangezogene Dirndl der kosmopolitischen Zwischenkriegszeit sollte doch tatsächlich Ausdruck mentalitätshistorischer Lieblichkeit bei der Imagepolitur Österreichs nach 1945 werden. Wieder spielte „Trachten Lanz" in Salzburg mit seinen eigenen Entwürfen und den selbstkreierten Stoffdruckmustern eine wichtige Rolle.

Der *Wiener Kurier* berichtete im Sommer 1953 vom Besuch einer US-Wandertheatertruppe bei „Trachten Lanz" in Salzburg. Olive Moorefield[42] (1932), die in der Rolle als Sklavin Cassy bei der Verfilmung von *Onkel Toms Hütte* Weltbekanntheit erlangte, wurde damals ein Dirndl schmackhaft gemacht. Sie besuchte Österreich im Zuge eines diplomatischen Kulturprogrammes der Vereinigten Staaten (USIA)[43], das, ohne es ausdrücklich so zu benennen, der gesinnungspolitischen Erbauung Europas nach Jahren des Nationalsozialismus diente. Moorefield war in Begleitung des dunkelsten Bass damaliger Opernstimmen, des österreichisch-amerikanischen Sängers Emanuel List (1888–1967).[44] Er beeindruckte formvollendet in einem edel-trachtigen

Der damalige Bundeskanzler Leopold Figl
auf einem der ersten Dirndlbälle in den frühen
1950er Jahren, daneben Jean Payart, der
französische Hochkommissionär für Österreich

Olive Moorefield mit Emanuel List und Marcel Prawy
im Salzburger Trachtenhaus „Lanz" (1953).

Outfit, sie, wie wir hier (S. 51) zeigen, im schicken Lanz-Dirndl.

Als exotisch-charmante Anlasskleidung und Zeichen des neuen Österreich gefiel es auch der Sängerin, Schauspielerin und Tochter des Präsidenten Harry S. Truman, Margaret Truman (1924–2008),[45] die im Sommer 1955 bei ihrem Besuch der Festspiele in Salzburg das Dirndl schätzen lernte und sich bei „Lanz" einkleidete. „Sie erwarb zwei Dirndlkleider, ein Paar Trachtenschuhe, einen Abtenauer Janker und zwei Strickjackerln"[46], wie die Öffentlichkeit via Tageszeitung informiert wurde.

Daraus lernen wir: Dirndlbälle und Dirndlchic halfen einmal mehr alle Kriegsfolgen, die Inflation und die Schrecken der eigenen Taten zu vergessen. Sie bescherten kurzeitig sorgenfreie Momente und versprachen „eine süße Nacht bei feenhafter Dekoration"[47], wie die Zentralvereinigung der Zuckerwarenhändler Österreichs in der Ballsaison des Jahres 1954 für ihren Dirndlball ankündigte.

Der romantische Zauber des Dirndls war auch der damals aufstrebenden Werbebranche bei der

Herausbildung eines neuen Österreich-Bildes ein willkommener Auftrag. Dies führte zu einer Fülle von Plakaten mit Dirndlsujets für die Fremdenverkehrswerbung und die Versicherungsbranche während der Nachkriegszeit, und zwar österreichweit von Vorarlberg bis ins Burgenland.

Parallel dazu beförderten Export und Engagement des seit den 1930er Jahren bis weit in die Nachkriegsjahre hinein bedeutsamen Vorarlberger Textilunternehmens Rhomberg (gegründet 1832) mit seinen bunten Dirndlstoffen die Imagekorrektur der jungen Republik Österreich. Franz Martin Rhomberg agierte im Nachkriegsösterreich als politischer Wirtschaftsfunktionär im Dienst der Republik und lancierte den „Austrian Look" international als typisches Austriakon.[48] Neben „Lanz" in Salzburg gab es also einen weiteren bedeutsamen Player, der zur internationalen Verbreitung des Dirndls und vor allem zur Imagepolitur von Österreich als treuherzigem Charming-Dirndl-Land beitrug.

Des Dirndls Lebens- und Sinneslust

Vom Softporno übers Olympiadress
bis zur Schnellkonsumklamotte

Es ging also darum, mit diesem Austriakon oder Bajuwarikum, der nationalen Selbstbehauptung des Landes zu dienen, auch unter weiterer Mitbestimmung der Nazi-Trachten-Deuter. Damals schossen allerlei Trachtenfibeln und -bibeln aus dem Boden, sie gaben vor zu wissen, was richtig und was falsch sei. Stilistisch blieb das Dirndl, seit es in die Hände NS-affiner Frauen fiel, eine repräsentative Geste und quasi offizielle Uniformierung, die modisch besehen in einer ikonografischen Kontinuität feststeckte.

Einem sympathischen Ausreißer begegnen wir aber in den 1970er Jahren. Anlässlich der Ausrichtung der Olympischen Spiele 1972 in München präsentierten sich die „Hostessen" in einem für die Zeit typisch mini-kurzen, in Blau-Weiß (den offiziellen heraldischen bayerischen Landesfarben) gehaltenen Dienst-Dirndl.[49] Während die Hostessen, die den Medaillengewinnern „zugeteilt" waren, als „Siegerhostessen" – mit Bezug auf ein selbsterklärtes Echtheitsdiktat – in sogenannten „traditionellen Landestrachten aus elf bayerischen Gauen" überzeugen sollten.[50] Die Rocklänge dieser traditionellen Landestrachten endete auf Wadenhöhe, war also kein Minirock.

Die bis heute berühmteste Dirndlträgerin beider Dirndlmodelle, Silvia Sommerlath, gefiel dem König von Schweden wohl darin so besonders gut, dass er sie ehelichte. Bemerkenswert ist, dass der Entwurf für das Dirndl der Olympischen Sommerspiele 1972 von einer Chiemgauer Schneidermeisterin namens Brigitte Bogenhauser-Thoma kam. Sie war Ende der 1930er Jahre mit der NS-Trachtenbeauftragten für das Deutsche Trachtenwesen, bereits erwähnter Gertrud Pesendorfer, in regem Austausch gestanden und hatte bei ihr in Innsbruck ein Praktikum absolviert, wie eine junge Forscherin herausfand.[51]

In den Olympiadirndl-Dressen sehen wir eine wunderbar gelungene Synthese zweier Stilanschauungen vertreten: Da wird dem trendigen Minirock Tribut gezollt wie dem vermeintlich „alten" Gautrachtenbild gehuldigt. Die *The Los Angeles Times* meinte damals: „Dirndls in Vogue at Olympics"[52].

Unter dem Einfluss modischer Trends wie dem Minirock erkennen wir die Dynamiken des Kleidungsverhaltens, denn damals bekam auch das Dirndl einen sexy-erotischen Anstrich. Die eben angebrochene allgemeine sexuelle Befreiung und die mit ihr korrespondierende Pornofilm-Industrie

Des Dirndls Lebens- und Sinneslust

Präsentation des Dirndls der
„Hostessen" während der Olympischen
Sommerspiele in München (1972)

entdeckte den binnenexotischen Bonus des Dirndls auch für sich. Filme wie *Unterm Dirndl wird gejodelt*, *Geh, zieh dein Dirndl aus* oder *Ob Dirndl oder Lederhos' – gejodelt wird ganz wild drauf los!*[53] – meistens in den Münchner Studios gedreht – lockten Pärchen wie Singles in die Kinos und wurden bisweilen zu Kassenschlagern. Die bayerische Sexklamotte *Unterm Dirndl wird gejodelt* war mit bayerischen Charaktertypen und späteren Berühmtheiten wie Konstantin Wecker und Annemarie Wendl (1914–2006) besetzt. Von der Filmkritik vor allem im Rückblick als schmierig und seicht geschmäht, lohnte sich für die Filmindustrie das Genre finanziell durchaus. Die *Liebesgrüße aus der Lederhose* unter der Regie des (vertriebenen) Franz Marischka (1918–2009) stießen auf enorme Resonanz, was Marischka dazu brachte, sieben Filme zu drehen. Allesamt operierten mit Dirndl- und Lederhosen-Klischees als alpin-erotischem Abenteuer.

Ihr Erfolg ist nicht bloß Gradmesser der sexuellen Befreiung der Gesellschaft, sondern auch allgemeiner Wirksamkeit erotisch-epischer Heimatschablonen, wie es das Dirndl und sein hetero-libidinöser Gegenpart, die Lederhose, sind.

Zusammengefasst bedeutet dies, dass die morphologische (äußere) Entwicklung des Dirndls in drei Stufen erfolgte: Von einer barocken Grobschrötigkeit (schwere Wollstoffe, Leinen und Faschungen), auch als Tracht bezeichnet, kam es zum leichten wadenkurzen Baumwollkostüm, das als Freizeitkleidung von feinerer Silhouette Eindruck machte. Unter der Hand einer Frau und ihrer Gesinnungswilligen wurde das Dirndl politisch. Als „erneuertes" Baumwolldirndl mit weißen Stutzen und weißer Bluse als Pflicht-Accessoires galt es viele Jahre als Garant österreichischer Identität.

Die fortschreitende Liberalisierung des Warenverkehrs beförderte die soziale Demokratisierung und sorgte für mehr Freiheit im Design und die Egalisierung ethnischer Reglements. Sie entriss das Dirndl den hochpreisigen Prêt-à-porter-Häusern, bei denen ein Dirndl nicht unter 1 200 Euro zu bekommen ist. Die bisherige soziale Schwelle, ein Dirndl teuer erwerben zu müssen, liegt so niedrig wie noch nie zuvor. Das Dirndl als Konsumklamotte verläuft begrüßenswerterweise konträr zum Befund der Modetheoretikerin Barbara Vinken, die in Bezug auf die Mode meint, die „Fast Fashion [hätte] zu einer Selbstkannibalisierung von Mode"[54] geführt.

Dirndl und Lederhose als lasziv-erotische Requisite sind über klassische Geschlechtergrenzen hinweg jetzt nahezu selbstverständliche Garderobe, besonders zur Wiesnzeit. In München, in Berlin und in Wien gibt es eine „Rosa Wiesn". Österreichs illustre Dirndlträgerin aus der queeren Szene ist Conchita Wurst. Sie erschien, nicht zum ersten Mal, im Mai 2012 bei der Gala „Amadeus Austrian Music Awards" in einem Dirndl.

Zeitgenössisches

Vom Dirndlfolklorismus

Das heutige Treiben erinnert uns nicht nur an das Oktoberfest, wo das Tragen eines Dirndls quer durch alle gesellschaftlichen Einkommensschichten „einfach dazugehört", sondern auch an Schilderungen des jährlichen Hochfests in Salzburg aus der Zwischenkriegszeit. Was einst dem Literaten Erich Kästner ins Auge stach und Salzburg zu einem freundlichen Image verhalf, war, dass man „[a]n der Mittagstafel [...] die Amerikaner, die alle als schmucke Tiroler daherkamen, kennen[lernte]."[55] Darum ist es sympathisch, den fröhlichen Internationalismus heute wieder in Salzburg und in München im Dirndl zu sehen.

Der Siegeszug des Dirndls als exotisch-lässiges Verkleidungsstück hat sich längst wieder zu einem spätsommerlichen Trend ausgewachsen. Spätestens mit dem Angebot bei Lebensmitteldiscountern und seit der Ausstattung der Barbie im Jahr 2009 finden wir Anzeichen dafür, dass es sich wieder als Anlasskleidung etabliert hat. Die aus Baden-Württemberg stammende und in München ansässige Lola Paltinger, von Kindheitserinnerungen aus Osttirol genährt, schuf zum 50. Geburtstag für den Wiesnbesuch von Barbie ein in Pink und Schwarz gehaltenes Dirndl mit einer handkolorierten Tüllschürze.[56] Die Münchnerin ist bei Kundinnen wie

Franziska Knuppe, Dagmar Wöhrl, Michelle Hunziker oder auch Kim Kardashian inzwischen die erste Anlaufadresse fürs Dirndl.

The Dirndl ist endlich wieder zum leichten Spiel der Kreativität von Künstlern, Designerinnen und Freisinnigen geworden. Es dient aber auch der Cross-Culture-Auseinandersetzung, nicht zuletzt, weil es eben über Jahre einen politisch-historischen Mief verströmte und als Identitätssignet, als Marke eines soliden bis ausgeprägt distinktiven, ethnopolitischen Konservativismus, eingesetzt wurde. Nach Jahren ostentativer Abneigung außerhalb konservativer Milieus wagen immer öfter auch Vertreterinnen anderer Fraktionen in Bayern und Österreich, ein Dirndl zu tragen.

2009 zeigte sich dies, als die österreichische Nationalratsabgeordnete (mit Migrationshintergrund) Alev Korun in einem Dirndl vors Rednerpult trat, um noch dazu zum österreichischen Fremdenrecht zu sprechen. Wegen ihres dirndlschen Outfits hagelte es Einwürfe von Österreichs größtem Boulevardblatt mit „Volksverstand": Korun würde damit Österreichs Kultur verspotten und sei respektlos, so lautete der Vorwurf.

Zeitgenössische Interpretation aus
der Dirndl-Kollektion Lola Paltingers, der
führenden Designerin für Couture-Modelle

Da ist sie wieder, die Kraft des Narrativs, das die einstigen nationalpolitischen Dirndlerzähler in Umlauf brachten, die das Klischee vom „echten" Dirndl der „echten" Österreicherin auferstehen lässt und die soziale Unruhe zu stiften imstande ist. Doch eben diese düstere Macht des ethnisch-kulturpolitischen Klischees ist es auch, die kreative Menschen auf den Plan ruft.

Die in Graz aufgewachsene bosnisch-österreichische Künstlerin und Professorin am MIT Cambridge, Azra Aksamija, griff für ein Kunstprojekt 2005 am Wolfgangsee auf die Morphologie und den Repräsentationswert des Dirndls zurück, um das Spannungsfeld der christlich-muslimischen Lebenswelt und ihres einstigen Grazer Alltages zu zeigen. „The Dirndl, a traditional Austrian dress, is still worn in the every day life in some places in Austria, such as in the little town of Strobl at the Wolfgang Lake. The *Dirndlmoschee* can be transformed into an Islamic prayer environment that provides a prayer space for three people." In ihrer *Dirndlmoschee*[57] verdichteten sich die ästhetische, aber zuvorderst auch die identitätspolitische Sprengkraft wie die potentielle Versöhnung, die ein Dirndl als kulturpolitische Waffe haben kann.

Ähnlich nutzte es der Künstler Oswald Oberhuber (1931–2020), der für sein Dirndl namens *Berg und Tal* mit imposanten Ballonärmeln, einer zackigen Schürze und gezacktem Dekolleté beliebte nationale Sujets aufgriff. Zwischen Spott und nationalem Klischee angesiedelt, spielt er mit hügeliger und zackiger Silhouette einer österreich-typischen Gebirgslandschaft. So wird das Dirndl zu einem jener „Dinge" und „Sachen", die die Welt *ist* und die aufgrund ihres politischen Miefs Anlass dafür liefert, sich an ihm zu reiben.

Das liebliche wie das maliziöse Dirndl waren und sind also immer schon Sujet der Auseinandersetzung im Kosmos der Mode- und Kunstwelt, speziell in Österreich und Deutschland. Sei es während der 1920er Jahre beim Salzburger Schöngeist Carl Mayr in Salzburg, dem Trachtengeschäft „Lanz", den rheinländisch-jüdischen Brüdern Wallach in München, der Fotokünstlerin Madame d'Ora oder im 21. Jahrhundert bei Karl Lagerfeld.

In Salzburg fährt man wie einst im Stile einer edlen Landpartie zu „Gössl". Zu Festspielzeiten deucht einem, man befinde sich in einer Kästnerschen Szenerie der Zwischenkriegszeit, wie eingangs bemüht.

Von leichten Waschdirndl bis zum edlen Seidenbrokat lässt sich dort gustieren und alles unter kundigem Blick des Personals probieren. Umgeben von ländlichem Flair entrückt man der Zeit und frönt der Freizeit auf höchstem Niveau.

In Wien besuchen die Damen den Salon von Lena Hoschek, das Geschäft von Gexi Tostmann, in Salzburg die Niederlassungen von „Gössl" und Susanne Spatt oder, in Kitzbühel, die „Sportalm". Sie alle gestalten neue Stile, allesamt im hochpreisigen Segment.

Eine Ausnahme bildet Susanne Bisovsky in Wien.[58] Deren Kleider werden gerne mit Dirndlchic in Verbindung gebracht, obgleich sie selbst sich nie in die Dirndlmodemacher-Riege einreihte. Sie reüssiert mit ihrer Hauptlinie, dem „Wiener Chic", in der Tradition urbaner Wiener Biedermeier-Mode. Auf ihre Prêt-à-porter-Modelle greifen inzwischen Frauen aus dem aufgeschlossenen Dirndlmilieu zurück, auch außerhalb von Vereinen.

Wien hat darüber hinaus die Cross-Culture-Dirndlfrauen von *Dirndlbrand – Reclaiming The Dirndl*[59] zu bieten. Sie haben richtig Spaß an ihrem Motto und setzen den kulturpolitischen Dirndldiktaten und der damit verbundenen sozialen und politischen Distinktion etwas entgegen, indem sie nicht nur ihre Dirndl bei gemeinsamen Zusammenkünften gestalten und die Schürzen mit subversiven Sprüchen besticken, sie erörtern auch die unterschiedlichen Textil-Gewerke (z. B. den Blaudruck). Gemeinschaftlich besticken sie ihre Schürzen mit Statements wie „lieber fkk als fpö", „no border no nation", „widerstand, oida!", „fck nzs", „unsere tradition = widerstand" oder „never let the fascists have a dirndl", „friede freiheit feminismus" sowie „das patriarchat ist fad".

Eine zweite, ephemere, Gruppe, die das Dirndl ausschließlich subversiv und wie eine symbolische Sprache als Guerillataktik nutzten, waren die jungen Frauen der NGO „Attac Österreich". Sie begleiteten 2018 den damals amtierenden österreichischen Bundeskanzler, Sebastian Kurz, bei einer seiner polit-folkloristischen Wanderungen und hoben, als er an ihnen vorbeizog, ihre Schürzen, unter denen sich ein „Nein" zum von ihm eben ermöglichten 12-Stunden-Tag verbarg.

In den letzten zwanzig Jahre verlor das Dirndl also durch regen Gebrauch als Anlasskleidung quer

durch alle Gesellschaftsschichten sein volkstums-
politisches Odeur. Da es Ausdruck von Lebenslust
und Feierlaune ist, gebräuchlich bei Volksfesten,
Hochzeiten, Taufen und so weiter, wäre es töricht,
erneut Grenzen durch Vorschriften zu seiner Nut-
zung einzuziehen. Aber, Obacht! Einstige identitätspolitische Reflexe der Antisemiten, die befanden, es
sei ein „bequemes Sommergewand, schlimm entar-
tet allerdings, seit sich die Mode seiner bemächtigt
hat"[60], nehmen wieder an Fahrt auf, beeinflusst von
gegenwärtigen gesellschaftspolitischen Trends. Kon-
servative Parteien und Organisationen erblicken
patriotisch-ethnische Charakteristika im Dirndl
und betreiben damit programmatisch politischen
Folklorismus. Der Aufruf einer neo-rechtspopulis-
tischen Partei während des Wahlkampfes 2019 in
einer in den Parteifarben gehaltenen Tracht gemein-
sam auf dem Neustifter Kirtag in Wien aufzutreten,
bekräftigen die Annahme zum Trend.

Als während der Zwischenkriegszeit Salzburgs Festspiele zu einem Laufsteg berühmter und weniger
berühmter Menschen in Dirndl und Lederhose
wurden und in den Kunstsalons und Fotoateliers
Wiens das Dirndl- und Trachtenverkleiden unter
Kosmopoliten modischer Trend war, verlief parallel
dazu, innerhalb Österreichs und Deutschlands, ein

gesinnungspolitischer Wandel, der dazu führte, das Dirndl als deutsch-ethnisches, sprich „rassisches", Kleid für die Frau „deutschen Wesens" zu propagieren. Diese Haltung speist noch immer die (a)historisierenden Trachtengläubigen in den Vereinen, Trachten- und Vertriebenenverbänden wie Vorfeldorganisationen konservativer Parteien. Vielen Vereinsfrauen missfällt der gegenwärtige Dirndlchic, da sie der altherkömmlichen Trachtenlyrik den Vorzug geben, andere wiederum begrüßen den Dirndlboom als kulturpolitischen Teil deutscher und österreichischer Leitkultur. Was des Dirndls (falsche) Echtheit ist, wird in diesen Kreisen weitertradiert.

Auf dem Jägerball in Wien[61], wo Tracht oder Uniform Dresscode sind, sind überwiegend teure Modelle zu sehen. Österreichs Ministerinnen, die bayerischen Politikerinnen, alle tragen es zu politischen Anlässen, um damit ein gewisses Maß an National- oder Lokalpatriotismus zu demonstrieren.

Einmal mehr sehen wir: Es gibt kein richtiges und auch kein falsches Dirndl, kein Wiesndirndl, das missfällig als „Fantasietracht"[62] betrachtet wird, kein Kirtagsdirndl, kein echtes altes Dirndl.

Dirndl: Eine Gebrauchsanleitung ...

... oder doch keine?

Und heute, wie verhält es sich mit dem Dirndl heute? Wer darf es tragen? Ist es kulturelle Aneignung als Nicht-Österreicherin oder Nicht-Bayerin ein Dirndl zu tragen? Ist es gar übergriffig?

Die aufmunternde Eigenschaft der Dirndlmode ist nichts, was andere Moden nicht auch leisten könnten. Sie entspricht unterschiedslos menschlichen Eigenschaften und unterscheidet sich nicht vom Nutzen und Repräsentationscharakter anderer Moden. Einst wie heute und immer schon.

Die Schönen und Reichen, die Jungen und Alten, Inländerinnen und Ausländerinnen, Heterosexuelle und Queere, kurzum wir alle können uns ein Dirndl in unsere Garderobe hängen, ob in Wien, London, Zürich, München, Berlin, Rom, Washington, wo auch immer. Alles ist erlaubt und möglich zu kombinieren! Auch wenn manche Puristen (speziell in den deutsch-österreichisch-südtirolerischen Trachtenvereinen und Brauchtumsverbänden) sich noch immer bemüßigt sehen, ein kulturpolitisches Diktat ausrufen, gilt es entgegenzuhalten: Scheuen Sie sich nicht vor der eigenen Kreativität, erlauben Sie sich, dem eigenen Hang zur Schönheit und der Lust, sich damit und ohne Anlass besonders zu putzen, hinzugeben. Die Errungenschaften der Demokratie machen es möglich!

Vor diesem Hintergrund erübrigen sich manche Fragen wie: Was gehört zu einem „richtigen" Dirndl, wann zieht man es an, wie bindet man eine Schürze und muss man aus einer alpinen oder voralpinen Region kommen, um es tragen zu dürfen? Es ist auch verwegen, anzunehmen, es handle sich um kulturelle Aneignung, wenn Dirndlträgerinnen weder kulturelle noch sanguinisch-ethnische Bezüge zu Bayern und Österreich – den Hauptverbreitungsgebieten – vorzuweisen hätten. Es ist die prinzipielle Gleichheit aller Menschen in einer Demokratie (und nur dort), die die Freiheit zur Mode, zur individuellen Kleiderwahl, ermöglicht. Akzeptiert man dies, kann man zwar trotzdem der Frage nach „Original-Stoffen" nachgehen, doch recht schnell wird ersichtlich, dass es dieses eine Original, den oder die Ur-Designer, gar nicht gibt. Einzig die wirtschafts- und technikhistorische Analyse offeriert uns mögliche Antworten.

Die Veränderung der weiblichen Silhouette durch den Vormarsch der Baumwolldrucke, die Verfeinerung der Nähte durch die Nähmaschine und die

Verbreitung von Schnittmusterbögen beförderten den Trend zu einem leichten, kostengünstigen, strapazierfähigen Sommerkleid für touristische Ausflüge. In dieser Entwicklung kann es kein „falsches" Dirndl geben. Es sei denn, wir sehen es als Ergebnis kulturpolitischer Agenden. Was es schon auch ist. Demnach wäre das „Dirndl tricolore", das eine italienische Postfaschistin bei einem Besuch in Südtirol trug, ein „falsches" Dirndl, weil es den einen Zweck erfüllte, politische Provokation zu sein.[63] Kostümhistorisch besehen allerdings ist es nur ein Dirndl unter anderen Dirndldesigns.

Das Dirndl kennt der Fragen viele, Antworten zu geben ist nicht schwer, da es aus einem ursprünglichen, anthropologischen Vergnügen der Menschen, sich zu behübschen, geboren wurde. Es funktioniert nach den Spielregeln hingebungsvollen Lebens und kreativer Dynamiken. Es hat mit der Sinnfüllung, sich das Leben zu verschönern, zu tun. Es unterscheidet sich in seiner primären Funktion, jemanden zu bekleiden, nicht von anderen Kleidungsstücken.

Denn immer geht es zunächst darum, nicht nackt zu sein. Für das Dirndl gilt, was also generell der Kleidung gewiss und überall auf der Welt zu beobachten ist, denn sich zu kleiden wohnt den Menschen inne. Es ist eine Façette von Fashion, Ausdruck von bewusstem Lebensstil und Kreativität, Mittel mentaler Repräsentation, es verweist auf die wirtschaftlichen, politischen und sozialen Bedingungen einer Gesellschaft. Es kann günstig wie luxuriös ausgestattet sein. Das Zeitgenössische des Dirndls ist hier beschriebene Freiheit. Die individuelle Wahl eines Kleidungsstückes verdanken wir der Demokratisierung der Gesellschaft, ihrem Lob der Freiheit und der Liberalisierung der Märkte. Die Liberalisierung des Warenverkehrs ist die Voraussetzung, ein Dirndl zum Preis von 50 Euro beim Discounter kaufen zu können. Als Schnellkonsum-Klamotte und Fast Fashion[64] aus dem Billiglohnland ist es von janusköpfiger Natur.

Kultur- und demokratiepolitisch hat dies den schönen Nebeneffekt, es aus ideologisierten, althergebrachten, ethnisch-kulturellen Trachten- und Dirndlnarrativen herausgeführt zu haben.

So will die errungene Freiheit zur Dirndlmode damit verbunden werden, sich am Dirndl zu erfreuen, den Launen nach Farben und Formen nachzugeben und auszuprobieren, wonach Ihnen verlangt. Dies gilt selbstredend nur unter der Voraussetzung, dass es keine politisch motivierte Kleiderpolizei gibt. Und vergessen wir dabei nicht: Möglicherweise fühlt sich nicht jede Frau darin aufgehoben, aber jeder steht es zu, eines zu tragen.

Es ist weder falsch noch ein Vergehen, welcher Herkunft die Dirndlträgerin auch immer sein mag, sich Dirndl-affin zu geben, sich damit zu behübschen. Jegliche ethnische Herleitungen sind irrational und darüber hinaus sozial ausgrenzend. Stellen wir uns vor, das von Hubert de Givenchy entworfene „kleine Schwarze"[65] dürften nur Frauen mit heller Haut vom Schlag Audrey Hepburns tragen, weil es historisch mit ihr assoziiert wird!

Da Mode nie ohne Trends, Stile, soziale Dynamiken der Nachahmung, eigenen Geschmack, Lust und Kreativität und materielle Ressourcen abgehandelt werden kann, verhält es sich mit dem Dirndl wie mit allen Kleidungsstücken, seien es Jeans, Röcke oder Leggings. Moden kommen in Wellen und verschwinden oft ebenso schnell, wie sie gekommen sind, das gilt auch fürs Dirndl. Eben weil sie den Launen der Menschen entspringen, sind sie bisweilen kurzlebig. Dieser Aspekt war es, der die nationalsozialistischen Dirndlmacherinnen und die Trachtenmythologen dazu brachte, das Dirndl als „formlose[n] Modeableger aus den Kaufhäusern"[66] gegen die Tracht in Stellung zu bringen. Derartige Dogmen forcieren eine undemokratische, historisch-mythologische Legende, die den Lebensrealitäten nicht gerecht wird.

Gegenwärtig dominiert das Dirndl als lustvolles Fashionteil oder Verkleidungsstück, saisonal bedingt, im Spätsommer und Herbst. Die Gefahr (kultur)politischer Usurpation besteht wieder, insbesondere wenn rechtskonservative und rechte Parteien Dirndlkirtage lancieren und das Dirndl als repräsentables „Etwas" typisch nationaler Kultur des „christlichen Abendlandes" prononcieren. Wer also dem Ruf einer Partei oder einer deren Vorfeldorganisationen bei ihren Auftritten ein Dirndl anzuziehen folgt, um darin rassistisch oder antisemitisch zu agitieren, ist eine dirndltragende Rassistin oder Antisemitin, deren zeitliche Einordnung mit der Geburtsstunde des Nationalsozialismus korrespondiert.

Vor diesem skizzierten Hintergrund werden Gebrauchsanweisungen für Dirndl überflüssig. Wer noch Fragen zur Bindung der Dirndlschürze hat, ob links, rechts, oder mittig, sollte bloß wissen, dass derlei Gepflogenheiten einer Zeit entspringen, als es noch kein Zivilrecht, ergo kein bürgerliches Gesetzbuch gab. Damals ersannen sich Gesellschaften soziale Konventionen, die symbolisch repräsentativ den jeweiligen Zivilstand (ledig oder verheiratet) anzeigen sollten.

Diese unterschieden sich von Region zu Region. Im Westen Tirols, besonders südlich des Brenners, signalisierte man den Zivilstand mit einem über Schulter und Dekolleté gelegten, schwarzen leicht transparenten Gazetuch. In Vorarlberg beispielsweise trugen verheiratete Frauen keine güldenen Krönchen (Schappale) mehr. In anderen Gegenden wiederum griff man auf Seiden- oder Tülltücher, Farben oder Kopfbedeckungen zurück.

Solche sozial-symbolischen Codierungen aus Vorzivilrechtszeiten verschoben sich mit Etablierung des Zivilrechts zu einem modisch stilistischen Überbleibsel. An die Stelle von Schleifen und Tüchern sind inzwischen Verlobungs- und Eheringe getreten.

Auf diesem Wege verkamen derlei Konventionen zu spaßig-folkloristischen Gesten, die handzuhaben jeder selbst überlassen bleiben.[67]

Zum Ausklang

Putz- und Beiwerk-Allerlei

Ob Dirndlbälle, Festspiele, Dorffeste, Landausflüge, Wiesnbesuche – wer ein Dirndl trägt, kleidet sich in einem Leibrock, mit oder ohne Blüschen und einer Schürze. Es gibt kein Richtig und kein Falsch, tragen Sie Lippenstift, Nagellack und Make-up, Kitten Heels oder High Heels dazu.

Alle Regularien und Normen halten keiner ernsthaften Prüfung stand, da sie willkürlich gesetzt wurden. Zu keiner Zeit hat das gute Stück je jemandem gehört. Es ist per se in seiner Grundform der vier Teile – Leib, Rock, Schürze, Bluse – urheberrechtsfrei.

Diese Teile haben in gemeinsamer Kombination mit der Frisur und den Schuhen zu einem beinahe unverwechselbaren, harmonischen Erscheinungsbild beigetragen. Deswegen will auf deren eigener Historie knapp und kurz eingegangen werden.

Die Schürze

Die Dirndlschürze ist, anders als die Hausschürze, Dekor, Fashion-Stück, das Tüpfelchen auf dem i des Ensembles. Im Gegensatz zu Kleiderschürzen sind Dirndlschürzen sogenannte Halbschürzen und

Querbinder. Sie akzentuieren die weibliche Hüfte und tragen wesentlich zur Betonung der Figur bei. Ursprünglich erfüllte die Schürze den Zweck, die darunter liegende Kleidung zu schützen. Daher spricht man in manchen Dialekten von „Fürtuch" oder „Vortuch". Geschnürt und gebunden wurde und wird sie durch Webbänder oder Kordeln. Bevor sie stylisher Bestandteil des Dirndl-Ensembles wurde, war die Schürze einfach nur ein praktisches Stück Stoff, in das Tränen und Rotz gewischt oder Holz, Birnen, Äpfel oder Kartoffeln aufgenommen wurden. Galt es im Alltag etwas schnell wegzuwischen, griff man zur Schürze.[68] Als modisches Accessoire fand sie um die Mitte des 16. Jahrhunderts Eingang in die Frauenkleidung.

Die Dirndlschürzen der österreichischen und süddeutschen Dirndln sind seit dem ausgehenden 19. Jahrhundert aus Baumwollgeweben, bei teureren Modellen aus Seide. In Trapezform geschnitten, unterscheiden sie sich von den Dirndl- und Trachtenschürzen in slawischen Kulturen (Südosteuropa, Osteuropa) in Form und im Material. Dort sind viele Schürzen aus Wollgewebe und werden wie ein auf den Kopf gestelltes Rechteck mit Schnüren oder Bandgeweben um den Leib gebunden. In religiösen Gemeinschaften kann es vorkommen, dass

Schürzen mit frommen Sprüchen bestickt werden, beispielsweise in Siebenbürgen oder im Banat.

Anfang der 1920er Jahre schien die Dirndlschürze als „Aufputz- und Zierschürzen" in den Werbeanzeigen der Tageszeitungen von Innsbruck über Salzburg bis Prag bereits fest etabliert gewesen zu sein.[69] Wer heute ein Dirndl trägt, kann sich bei der Auswahl der Schürze kreativ austoben. Alles ist erlaubt, bunte Farbvariationen oder schräge Muster-Kombinationen, das Aufbringen von lieblichen Bordüren oder das Besticken mit frechen Sprüchen.

Weiße Bluse

Das weiße Baumwoll-Blüschen verdankt seine Herkunft dem Vordringen von Baumwollprodukten auf dem europäischen Kontinent. Die Dirndlblusen, die ja bekanntlich nur die Brust umfassen und mit einem Gummizug knapp darunter schließen, sind in allerlei Ausprägungen zu finden. Das weiße Blüschen erinnert vom Aussehen an das Chemisen- oder Empirekleid des 18. Jahrhunderts, bei dem das Dekolleté recht freizügig und die Taille hoch gesetzt war. Mittlerweilen kennen wir allerlei Formen von Dirndlblusen. Mit Puffärmel oder von schlichtem Schnitt, mit Rüschen oder Spitzen, hochgeschlossen oder tief dekolletiert. Sie sind in der Regel bauchnabelfrei und verhelfen so, weil sie reine Unterziehblusen und Lingerien sind, den am Rock fest angenähten Leib-Teil zur vorteilhafteren Figur. Um 1910 herum tauchen immer öfter Annoncen in Zeitungen auf, die Dirndlblusen anbieten. Bedenken wir, dass um diese Zeit die Tunikabluse der letzte Schrei war und diese Bluse nicht dazu diente, Körperformen nachzuzeichnen, scheint es schlüssig, die Dirndlbluse als Lingerie zu lesen.[70] Vorwiegend aus Baumwolle (Batist, Musselin, Kattun) bestehend, fungiert das Dirndlblüschen folglich wie Unterwäsche. Noch Mitte der 1980er Jahre wurden von gestrengen Trachten- und Dirndlautoritäten nur Hemdchen aus Leinen oder Halbleinen als passend gepriesen und es als frivol angesehen, wenn ein Dirndl ohne Dirndlbluse getragen wurde.[71]

Zurzeit sind eigens zum Dirndl passende Body-Lingerien, auch Trachtenbody genannt, auf dem Vormarsch. Wer mag, kann zum Dirndl auch ein Ruderleibchen oder ein Polo-Shirt tragen und im freien Spiel immer wieder Neues dazu probieren.

Stutzen, Kniestrumpf, Wadenstrumpf

Sie sind Strickwaren, die je nach wirtschaftlich erschlossener Gegend zunächst aus Wolle wie aus gefilzten Wollwürsten bestanden. Wolle war, neben Leinen, bis ins 18. Jahrhundert das einzig erlaubte Material für die Kleidung nichtadeliger Menschen.[72] Bis zur nationalsozialistisch programmatischen Empfehlung weiße, gestrickte Stutzen als idealtypischen Ausdruck deutschen Charakters zu tragen, wurden sie mit Pflanzen rot und blau eingefärbt.

Mit den Stutzen ist es wie mit den anderen Teilen, sie verändern sich maßgeblich mit der Einführung von Baumwollgarnen und Strickmaschinen. Sie werden feiner und seriell hergestellt. Unter illegalen Nationalsozialisten in Österreich und Südtirol galten weiße Stutzen als geheimer Gesinnungscode.[73] Kaum ein Dirndl- und Trachtenbuch, das nicht weiße gestrickte Kniestrümpfe zeigt und damit eine Tradition im Blick auszubilden imstande war.

Die Schuhe

Mit der Deutungshoheit der Nationalsozialistinnen über das Dirndlnarrativ sollte über Jahrzehnte die Meinung, zu einem Dirndl passten keine anderen Schuhe als lederne „echte Trachtenschuhe", kolportiert werden. Die Einführung des ledernen Trachtenschuhes als „typisches" Accessoire ist ein junges Phänomen und korrespondiert mit der Etablierung des Halbschlüpfschuhes im Verlauf des 19. Jahrhunderts.[74] Bis dahin wurden Schuhe unter Mühen auf Maß angefertigt und waren dementsprechend teuer. Außerhalb des Adels und Hochadels war die Auswahl bescheiden, im Idealfall besaßen Menschen nur ein paar „gute" Sonntagsschuhe. So ist das Trachtenschuhdiktat eine junge Erscheinung.

Die Damenschuhmode der Städterinnen im ausgehenden 19. Jahrhundert bildeten geknöpfte halbhohe Stiefeletten aus weichem Ziegenleder. Diese waren für Landfrauen unpraktisch zu tragen, da es auf dem Land keine planierten oder gar asphaltierten Straßen gab. Alles zusammengenommen wäre es irreführend, von einem (langen) historisch verbindlichen Reglement, von einer geschichtsgeschwängerten Tradition beim Schuhwerk zu sprechen.

Passend ist also einmal mehr, von der Pflicht abzurücken und zu tragen, was gefällt: Poppig cool sind bunte, farbige, zur Schürze, den Rock oder Leib passende Doc Martens, lässige Sneakers von

All Stars, Adidas, Louis Vuitton, Premiata, Chelsea-Boots, Wanderschuhe oder NoName-Schuhe. Wer auf Leder verzichten möchte, hat die Freiheit auf alle veganen Varianten zurückzugreifen. Die Kultur der Fußbekleidung in ihrer Reichhaltigkeit begleitet die Menschwerdung generell und ermöglicht eine Fülle historisch-stilistischer Referenzen. So erlaubt auch beim Schuhwerk die Freiheit zur Wahl, diese zu nutzen und ideologisierte Kleiderdiktate zu überwinden.

Wie apart dies sein kann, zeigen uns Vivienne Westwood und ihr Partner, der Tiroler Andreas Kronthaler.[75] Sie griffen für eine Fashion-Show in Paris auf Unterinntaler Doggln zurück (allerdings aus Seide und Brokate genäht) und verliehen dem edlen Ambiente einen gewissen binnenexotischen Charme. Als Gebrauchsschuh im Alltag sind Doggln schlichte Hausschuhe aus Filz, für Innenräume gemacht.

Die (passende) Frisur

Der Hut ist, das ist gewiss, der Feind jeder Frisur, drum mag er wohl aus der Mode gekommen sein. Umso mehr ist die Frisur von Belang. Als das Dirndl nach dem Ersten Weltkrieg zunehmend in

Mode kam, nahmen die Empfehlungen zu, zum Dirndl eine Gretlfrisur zu tragen.[76] Dieser Frisurtyp galt als „landverbunden" und solide, anders als der „schnippisch-städtische" Bubikopf.[77] Mitte der 1920er Jahre war die Gretlfrisur bereits als völkisch beleumundet und der Bubikopf als jüdisch geschmäht.[78]

Es war die Gret(e)lfrisur, die sich in den Illustrationen der Trachten- und Dirndlmodelle wie ein Naturgesetz durchzog. Eine Gretlfrisur wurde aus zwei Zöpfen überm Hinterkopf zusammengesteckt. Da zu dieser Zeit der aufkommende Bubikopf als Zeichen urbanen, jüdischen Chics galt, sahen die Trachten- und Dirndlfetischisten ihn als Gegenspieler zur quasi natürlichen, historisch beständigen Gretlfrisur. „Arisch ist der Zopf, jüdisch ist der Bubikopf."[79] Bis in die 1980er Jahre referierte man in Vereinsmilieus, die moderne Kurzhaarfrisur „passe" nicht zu Tracht und Dirndl, ebenso wenig Schminke und Nagellack.[80]

Der Hut

Der Hut ist ein Fashion-Stück, ein Ding, das vor allem dem Adel als Repräsentationsgeste diente. Er war aber immer schon in allen Schichten der

Gesellschaft anzutreffen und diente auch als Schutz vor Sonne, Staub und Dreck.

Auf der Weltausstellung 1873 boten dreißig Aussteller ihre Kopfbedeckungen aus Filz, Stroh und Seide an. In den dazu verfassten Berichten war man bemüht den Fortschritt der Hutproduzenten zu betonen, hatte Österreichs Filzhutproduktion doch noch 1867 bei der vorhergehenden Weltausstellung in Paris in den Kinderschuhen gesteckt.[81]

Hüte, besonders jene, die zur Hebung des Prestiges der Hutträgerinnen oder Hutträger beitragen sollten, bedurften handwerklichen Geschicks. Wir finden Hüte aus allen vorhandenen Materialien jener Gegenden, in denen sich eine Hutkultur ausprägte, und sie begegnen uns weltweit in vielen Kulturen. Wo sie nicht auch modisch-repräsentativer Schmuck sind, stehen sie in einem moralisch-religiösen Kontext. Es war nämlich nur jungen, noch nicht geschlechtsreifen (also „unschuldigen") Kindern erlaubt, barhäuptig vor Gott zu treten. Damit verbunden ist die Vorstellung der Verführungskraft des Haares.

Hüte wurden von Männern und Frauen getragen, waren schlicht bis überbordend, von bunten Bändern geziert oder einfärbig.

Besonders der reiche Westen Tirols kannte in der Vergangenheit eine imposante Hutkultur bei beiden Geschlechtern. Hüte aus Filz, Fellen oder Seide spiegeln, was zu ihrem Entstehungszeitpunkt wirtschaftlich möglich war. Denn Mode ist immer auch Ausdruck ökonomischen Wohlstands.

Die Hutmode im ersten Drittel des 20. Jahrhunderts kannte das „Tiroler Hütchen"[82]. Runde, schlichte, spitz zulaufende „Nebelstecher" aus Filz und große, mit Seidenbändern gebundene Tellerhüte zierten bis zur Mitte des 19. Jahrhunderts die Frauenhäupter. Die frühe Dirndlmode kannte als Accessoire vor allem den Strohhut oder kleinere Filzvarianten. Die Frauen und Männern, die im Salzburg der Zwischenkriegszeit etwas auf sich hielten, trugen einen Lamberghut. Die göttliche Marlene Dietrich zierte sich mit ihm und selbst die in den Vereinen sitzenden Trachtenideologen nahmen ihn als „typischen" Trachtenhut in ihren Kleiderkanon auf. Bisherige Recherchen zum Erfinder oder Designer des Hutes führen uns zu Anton Blum, einem jüdischen

Hutfabrikanten.[83] Der schwungvolle Filzhut, den Blum als Hutfabrikant in Salzburgs Dreifaltigkeitsgasse anbot, wurde in Zeitschriften beworben. Über Jahre warb der Hutfabrikant mit seinem Hut und wies darauf hin, dass er der „gesetzlich allein berechtigte Erzeuger des Orig. Graf Lamberghut" sei.[84] Für ein gebrauchtes Modell war im Juni 1920 sogar jemand bereit, ein Kilo Teebutter herzugeben.[85]

So ist das Dirndl ein saisonal fashionables Kleidungsstück, das auch außerhalb Europas besonders Ende der 1930er Jahre als *The Dirndl* in den USA immer wieder Modethema war. Assoziiert wurden damit vor allem mit Blümchen bedruckte Baumwollstoffe, weniger der typische Dirndlschnitt und die Dirndlkombination. *Cotton Dirndl Skirts* lautete die Werbung, von *Dirndl Styles* und *Dirndl Chic* war die Rede. Wie in Europa wurden „the charming dirndl dresses"[86] vor allem für das Frühjahr empfohlen. Der amerikanische Erfolg des Dirndls mag wohl mit „Lanz of California", einem Ableger der Firma „Lanz" in Salzburg zu tun gehabt haben, auf den vermutlich auch die Prägung „Lanz Flanell" zurückgeht. Auffallend sympathisch wirkt es, dem Namen „Lanz" mit derselben Schrifttype in Anzeigen amerikanischen Zeitungen zu begegnen. Es war Sepp Lanz (1903–1976), der sich in Kalifornien mit den salzburgisch-dirndl-schen Baumwolldrucken und dieser Art von Mode einen Namen machte. Grete Lanz, seine Schwester und Inhaberin des renommierten Salzburger Geschäftes, besuchte ihn öfter in den USA. Dabei soll sie ihn mit viel Geschick beraten haben.[87] Im *Columbia Daily Spectator*, der Studentenzeitung der Columbia University, vom März 1961 annoncierte „Lanz" einen Modewettbewerb, der 25 Preise auslobte, darunter ein sechswöchiges Sommerpraktikum.[88] Wer aller gewann, wissen wir nicht, aber eines war auch in den USA gesichert: „Summertime is dirndl-time."[89]

Das Dirndl ist, wie wir bis hierher sehen konnten, ein saisonales (Ver-)Kleidungsstück, eine Laune der (Mode-)Geschichte. Bestickt mit frechen Sprüchen, genäht aus edlen Stoffen, nach eigenem Gutdünken gestaltet, vererbt bekommen und umgenäht, teuer beim Couturier gekauft, stets ist es Ausdruck von Lebenslust und Ergebnis von Einfallsreichtum.

Anmerkungen

1   Wimmer, Eduard Josef: Modeschöpfung in Henndorf. In: Neue Freie Presse. Abendblatt. Wien, Samstag, 22. August 1936, S. 5

2   Ebd.

3   Im Folgenden sind gedankliche und argumentative Überschneidungen zu bereits vorliegenden Texten und Büchern der Autorin möglich. Wo wortgetreu zitiert wird, finden sich die dazu passenden Endnoten.

4   Lewald, August: Tyrol, vom Glockner zum Orteles, und vom Garda- zum Bodensee 1833–34. München 1835. Bd. 1. S. 80. Jahre später, im vermutlich ersten Reiseführer über das Zillerthal, kam der Autor zu einem ähnlichen Schluss, indem er meinte, die „bedingte Erhöhung der Taille" würde die Frauen verunstalten. Siehe dazu: Huber, Julius; de Trentinaglia, Josef: Das Zillerthal mit seinen Nebenthälern und Gletschern. Handbüchlein für Touristen. Brixen 1868. S. 14.

5   Zingerle, Oswald von: Zur alten Kastelruther Tracht. In: Zeitschrift für österreichische Volkskunde XXI–XXII Jg., Wien 1915–1916. S. 120–149.

6   Zitiert nach: Boehn, Max von: Die Mode. Menschen und Moden im Neunzehnten Jahrhundert. 1843–1878. München 1908. S. 48.

7   Ebendort.

8   Welt-Neuigkeits-Blatt. Sonntag, 4. August 1878. S. 8.

9   Boehn, Max von: Die Mode. Menschen und Moden im Neunzehnten Jahrhundert. 1843–1878. München 1908.
    S. 144.

10 Ebendort.

11 Vgl. Adolf Loos (1898) zitiert nach: Wallnöfer, Elsbeth: TRACHT MACHT POLITIK. Innsbruck 2020.

12 Neues Wiener Journal, Wien, Sonntag, 6. März 1921.
    29. Jg. S. 14.

13 Ebendort.

14 Die an der roten Nelke erkennbaren Arbeitertrachtenvereine wurde 1930 beim Linzer Trachtenfest vom Reichsverband aufgefordert, diese nicht zu tragen. Siehe dazu: Bitschnau, Hieronymus: Der Bund der Arbeitertrachten-Erhaltungsvereine 1932–34. In: Salzburger Volks.kultur. 46. Jg. Mai 2022. S. 26–30. In Folge des Verbots der Sozialdemokratischen Partei kam es 1934 zu dessen Auflösung.

15 Siehe Plakatsammlung der Österreichischen Nationalbibliothek.

16 Die Haushaltsgehilfin. Wien, März 1938. 20. Jg. Folge 3.
    S. 31. (7).

17 Die Haushaltsgehilfin. Wien, März 1935. 17. Jg. Folge 3.
    S. 37. (5).

18 Die Mode-Journalistin Patricia Montclair in einem durchaus stilkritischen Artikel. Dies.: Village Styles from Hollywood. In: The Journal News.

Rockland County's greatest newspaper. Thursday, August 15, 1940. S. 4.

19 Müry, Andres (Hg.): Kleine Salzburger Festspielgeschichte. Salzburg 2002.

20 Ständecke, Monika: Dirndl, Truhen, Edelweiss – Die Volkskunst der Brüder Wallach. Dirndls, Trunks, and Edelweiss – The Folk Art of the Wallach Brothers. Katalog zur gleichnamigen Ausstellung. München vom 27. Juni bis 30. Dezember 2007 (= Sammelbilder 03 Collecting Images). München 2007.

21 Sport-Bock. Modische Trachten. Original Trachten. München 1938. Sammlung Von Parish. Kostümbibliothek München.

22 Siehe: Mit dem „Dirndel" aufs Land. In: Internationale Frisierkunst und Schönheitspflege. August 1936. S. 1.

23 profil. Österreichische Monatsschrift für bildende Kunst. 6. Juni 1934. Jg. 2. S. 161f.

24 Moderne Welt. Almanach der Dame. Juni 1936. XVII. Jg. Hft. 9. S. 21.

25 profil. Österreichische Monatsschrift für bildende Kunst. Dieses Ausgabe widmete sich allein Salzburg. 3. Jg. Heft 7. 1935. S. 355.

26 Hutter, Ernestine: Carl und Richard Mayr. Tracht und Design der 20er Jahre. Katalog zur Sonderausstellung. Salzburg 2003.

27 Gesprächsnotiz einer Unterhaltung der Verlegerin Michaela Schachner und der Autorin mit Willi Lanz vom 6. März 2024 in Salzburg.

28 Holzer, Anton; Kreutler, Frauke (Hg.): Robert Haas. Der Blick auf zwei Welten. Ausstellungskatalog Wien Museum. Berlin 2016.

29 Kästner, Erich: Der kleine Grenzverkehr oder Georg und die Zwischenfälle. Zürich 1938. S. 33.

30 Ebendort. S. 71.

31 Zuckmayer, Carl. Als wär's ein Stück von mir: Horen der Freundschaft. Ebook. Frankfurt/M. 2016.

32 Scope, Alma: Bühnen der Volkstümlichkeit. In: Kammerhofer-Aggermann, Ulrike; Scope, Alma; Haas, Walburga (Hgg.): Trachten nicht für jedermann? Heimatideologie und Festspieltourismus dargestellt am Kleidungsverhalten in Salzburg zwischen 1920 und 1938 (=Salzburger Beiträge für Volkskunde). Bd. 6 Salzburg 1963. S. 251.

33 Salzburger Zeitung, Mittwoch, 22. Juni 1938. 74. Jg. S. 5; weiters siehe eine Verordnung des Bürgermeisters von Mödling bei Wien: Oedenburger Zeitung, Sonntag, 26. Juni 1938. 71. Jg. S. 1; ebenso für Bruck an der Leitha: Bezirksbote. Völkisches Wochenblatt für die Bezirke Schwechat und Bruck a. d. L. Schwechat, Sonntag, 7. August 1938. S. 4; Neuigkeits-Welt-Blatt. Aelteste arische Tageszeitung Wiens, Wien, Dienstag, 30. August 1938. 65. Jg. S. 8; Das neue Volksblatt. Wien, Freitag, 1. Juli 1938. S. 8.

34 Kronen Zeitung, Wien, Dienstag, 18. Mai 1943. 44. Jg. S. 5.

35 Vgl. Kammerhofer-Aggermann, Ulrike: Dirndl, Lederhose und Sommerfrischenidylle. In: Kriechbaumer, Robert (Hg.): Der Geschmack der Vergänglichkeit. Jüdische Sommerfrische in Salzburg. Wien/Köln/Weimar 2002. S. 317–335.

36 Vgl. Fabrice d'Almeida: La vie mondaine sous le nazisme. Paris 2008.

37 Pesendorfer, Gertraud: Von der Tracht zum Dirndl. In: Indanthren-Mode-
    dienst. O. J. vermutlich München.
38 Steirische Alpenpost. Bad Aussee, Freitag, 10. Juni 1938. S. 8.
39 Vorarlberger Tagblatt, Dienstag, den 6. Juni 1939, S. 8; siehe auch: BdM.
    fertigt alte Trachten an. In: Völkischer Beobachter. Wien, Samstag,
    19. Dezember 1942. S. 4.
40 Wallnöfer, Elsbeth: Trachtenforschung als rassische Delimitation. In: Dies.
    (Hg.): Maß nehmen, Maß halten. Frauen im Fach Volkskunde. Wien 2008.
    S. 24–52. Siehe auch: Bodner, Reinhard: Die Trachen bilden. Sammeln,
    Ausstellen und Erneuern am Tiroler Volkskunstmuseum und bei Gertrud
    Pesendorfer (bis 1938). In: Österreichische Zeitschrift für Volkskunde.
    Wien 2018, 121 Jg. N. S. 72. S. 39–85.
41 Vgl. Wallnöfer, Elsbeth: TRACHT MACHT POLITIK. Innsbruck 2020.
42 Vgl. Andreas Kloner: An American in Wien. Porträt über die US-amerika-
    nische Sängerin Olive Moorefield. ORF Ö1, Hörbilder Spezial 2012
    (54 Minuten).
43 Die USIA wurde 1953 unter der Politik von D. D. Eisenhower gegründet,
    umfasste ein bildungspolitisch und kulturell breit gestreutes Programm, es
    wurde 1999 eingestellt. Vgl.: https://www.archives.gov/research/foreign-
    policy/related-records/rg-306 sowie https://www.vqronline.org/essay/
    public-diplomacy-old-art-new-profession (zuletzt am 25. Februar 2024
    abgerufen).
44 https://www.lexm.uni-hamburg.de/object/lexm_lexmperson_00001148
    (zuletzt am 22. April 2024 abgerufen).
45 Wellsville Daily Reporter. Allegany County's Daily Newspaper. Wellsville,
    New York, Thursday Afternoon, September 22 1955. S. 2.
46 Salzburger Nachrichten, Dienstag, 5. August 1953. S. 5.
47 Plakat. Rechteinhaber: Österreichische Nationalbibliothek.
48 Zink, Margarete; Zudrell, Petra (Hg.): Ware Dirndl: Austrian Look von Franz
    M. Rhomberg. Salzburg/Wien 2021.
49 Das Farbschema harmonierte nach dem Farb- und Gestaltungsprinzip von
    Otl Aicher (1922–1991) für Olympia.
50 Vgl. Bayerische Staatsbibliothek (Hg.): Olympia 72 in Bildern. Fotografien
    aus den Sammlungen der Bayerischen Staatsbibliothek. München 2022.
    Ausstellungskatalog.
51 Siehe dazu das Forschungsprojekt von Lea Rodenberg: https://www.zent-
    rum-trachtengewand.de/Forschungsprojekte/Siegerehrungshostessen-
    Olympia-72.php?object=tx%7c3433.5&MdID=7&FID=3433.271.1&
    NavID=3433.19&La=1&NavID=3433.19 (zuletzt am 19. Februar 2024
    abgerufen).
52 The Los Angeles Times. Thursday, September 7, 1972. S. 85.
53 Alois Brummer, München 1973; Siggi Götz, Deutschland 1973; Regie:
    Wolfgang Bellenbaum, München 1974.
    Vgl. Hahn, Ronald M.: Das Heyne Lexikon des erotischen Films: über

1600 Filme von 1933 bis heute. München 1993.

54 Vgl. Vinken, Barbara: Die Blumen der Mode. Klassische & neue Texte zur Philosophie der Mode. Stuttgart 2016.

55 Kästner, Erich: Der kleine Grenzverkehr oder Georg und die Zwischenfälle. Zürich 1938. S. 71.

56 Siehe dazu den Film Stoff der Heimat von Othmar Schmiderer (Regie) und Elsbeth Wallnöfer (Idee und Buch). Wien 2011.

57 http://www.azraaksamija.net/project-5/ (zuletzt am 22. April 2024 abgerufen).

58 Bisovsky, Susanne: Wiener Chic. Salzburg 2022.

59 Die Frauen rund um Christa Reitermayr und Ulli Weish machen Radio zum Dirndl. „Dirndlbrand – Reclaiming the Dirndl" hieß die doppeldeutige Sendung auf dem anarchisch-freien Radiosender Radio Orange. Eingedeutscht bedeutet das „Dirndlschnaps" und meint mit Dirndl sowohl das Kleidungsstück, aber eben auch die Kornelkirsche, die im Osten Österreichs „Dirndl" gerufen wird.

60 Pesendofer, Gertraud: Neue deutsche Bauerntrachten Tirol. München 1938. S. 8.

61 Der Jägerball, so wird kolportiert, sei nach dem Opernball der wirtschaftlich zweitwichtigste Ball.

62 Eine österreichische Trachtengeschäftsinhaberin in einem Interview für die WELT vom 19. September 2010.

63 Vgl. Wallnöfer, Elsbeth: TRACHT MACHT POLITIK. Innsbruck 2020. S. 216.

64 Vgl. Anguelov, Nikolay: The Dirty Side of the Garment Industry. Fast Fashion and Its Negative Impact on Environment and Society. Boca Raton/London/New York 2016.

65 Vgl. Holman Edelman, Amy: the little black dress. New York 1997.

66 Pesendorfer, Gertrud: Neue deutsche Bauerntrachten Tirol. München 1938. S. 8.

67 Zur Bedeutung von Gesten und Riten in vorbürgerlichen Gesellschaften siehe: Gennep, Arnold van: Übergangsriten. Frankfurt M./New York 1999. Ursprünglich 1909 unter dem Titel *Les rites de passage* erschienen.

68 Allgemein zur Schürze siehe: Gaugele, Elke: Schurz und Schürze. Kleidung als Medium der Geschlechterkonstruktion. Köln/Wien 2002.

69 U. a.: Prager Abendblatt von Samstag, 30. März 1918. S. 6. Selbiger Unternehmer, Otto Katz, inserierte auch in den Innsbrucker Nachrichten. Vgl. Innsbrucker Nachrichten von Sonntag, den 31. März 1918. S. 7; Illustrierte Kronenzeitung. Wien, Sonntag, den 15. Mai 1921. 22. Jg. S.14.

70 Siehe dazu allgemein die Modezeitschrift Le grand chic. Album de blouses. Paris/London/Berlin/Wien.

71 Pesendorfer, Gertrud: Lebendige Tracht in Tirol. Innsbruck 1982.

72 Zur Entwicklung der Beinbekleidung: Loschek, Ingrid: Reclams Mode- und Kostümlexikon. Stuttgart ⁵2005.

Siehe auch: Critical Crafting Circle (Hg.): Craftista! Handarbeit als Aktivismus. Mainz 2011.

73 Vgl. Wallnöfer, Elsbeth: TRACHT MACHT POLITIK. Innsbruck 2020.

74 Eine Schellübersicht bietet: Loschek, Ingrid: Reclams Mode- und Kostümlexikon. Stuttgart ⁵2005.

75 https://www.tt.com/artikel/15488392/doggeln-statt-highheels-am-laufsteg (zuletzt am 29. Februar 2024 abgerufen). Siehe auch: Wallnöfer, Elsbeth: Märzveigerl und Suppenbrunzer. 555 Begriffe aus dem echten Österreich. Salzburg 2014.

76 Österreichische Alpine, Volks- und Gebirgstrachtenzeitung. Dienstag, 1. September. S. 4.

77 Das kleine Volksblatt. Montag, 16. Jänner 1939. S. 10.

78 Arbeiterwille. Graz, Mittwoch, 8. März 1926. S. 7.

79 Brainin, Elisabeth; Zeug, Marieta: Arisch ist der Zopf – Jüdisch ist der Bubikopf. In: Nationalsozialismus. Hg. vom Verein Sozialwissenschaftliche Forschung und Bildung für Frauen. (Materialienbd. 8), Frankfurt/M. 1990. S. 7–30.

80 Lüdtke, Helga: Der Bubikopf: Männlicher Blick – weiblicher Eigen-Sinn. Göttingen 2021. Siehe auch: Breuss, Susanne (Hg.): Mit Haut und Haar. Frisieren, Rasieren, Verschönern. Wien 2018; eine Übersicht zu Kopfbedeckungen bietet: Loschek, Ingrid: Reclams Mode- und Kostümlexikon. Stuttgart ⁵2005.

81 Pless, Wilhelm: Hüte aus Filz, Seide und Stroh. In: Officieller Ausstellungs-Bericht der Generaldirection der Weltausstellung 1873. Fertige Kleider (Gruppe V, Section 7). Wien 1873. S. 13.

82 Internationale Frisierkunst und Schönheitspflege. Wien 1936. S. 13.

83 Wallnöfer, Elsbeth: TRACHT MACHT POLITIK. Innsbruck 2020.

84 Österreichische Alpine, Volks- und Gebirgs-Trachten Zeitung. Salzburg, 15. April 1927. S. 63.

85 Annonce im Salzburger Volksblatt vom Dienstag, 1. Juni 1920. S. 6.

86 The Los Angeles Times, Thursday, March 10, 1938. S. 27.

87 Händische Protokollnotiz der Unterhaltung mit Willi Lanz vom 6. März 2024 in Salzburg. Anwesend: Verlegerin Michaela Schachner, die Autorin, die Tochter von Willi Lanz.

88 Columbia Daily Spectator Nr. 78, March 6, 1961. S. 2.

89 The Los Angeles Times, Tuesday, May 24, 1938. S. 24.